NOTE

POLITIQUE.

Sunt quibus in satyra, videar nimis acer et ultra

PARIS,

J. G. DENTU, IMPRIMEUR-LIBRAIRE,
RUE DES PETITS-AUGUSTINS, N° 5.

MDCCCXXIV.

NOTE

POLITIQUE.

—

Les efforts de l'Angleterre, l'espérance fatale des ennemis du trône, la pusillanimité d'un ministre faible et incertain, tout avait cédé à la parole puissante du grand Roi (1).

Un héros, brillant comme la gloire, franchissait les Pyrénées; fils de France, il rendait aux Espagnols fidèles des armes que des Français peu généreux avaient brisées dans leurs mains.

L'amour prévenait ses pas, la fuite lui dérobait ses ennemis; il écrasait la révolte en son dernier refuge, aux extrémités de l'ancien Monde, qu'elle avait si long-temps ébranlé.

Un roi libre par lui rentrait dans la plénitude de ses droits : ce que le génie, le cou-

---

(1) Voir les pièces officielles de l'état actuel de l'Espagne et des colonies.

rage, la modération ont de plus noble et de plus généreux, avait été accompli par une armée digne de son chef auguste.

Mais si tant d'exploits avaient été achevés sans effort au milieu d'une nation qui les applaudissait, au cœur même de la France, soit effroi, soit dépit, restait dans l'âme de certains hommes je ne sais quel projet qui devait démentir des actions si magnanimes.

En un mot, si la cause des rois avait été soutenue avec tant d'honneur par des soldats qui n'étaient que dans le secret de la gloire, le ministère français, dans sa politique étroite et méticuleuse, tendait à en diminuer l'éclat.

De là, n'en soyons plus surpris, ces amnisties imprudentes, cette protection spéciale accordée aux rebelles, ces traités conclus avec la révolte en armes, dangereuse initiative dans l'absence du monarque, abus fâcheux de la fortune à l'égard d'un peuple fier, qui n'était pas vaincu, contresens véritable en politique, et propre à fausser les esprits les plus droits.

Il en était ainsi, en Espagne, et la France ne voyait encore que ses triomphes, lorsqu'un évènement inattendu vint étonner jusqu'à la victoire même.

Le commencement d'une guerre si sainte en son principe, si glorieuse en ses résultats, avait été signalé par l'éloignement du ministre négociateur, qui en avait porté les premières paroles, résolu les dernières conséquences, en commun avec un sénat de rois.

Dignement rémunéré de la part de son monarque, il n'avait pas eu le bonheur de seconder les vues pacifiques d'un de ses collègues, sans doute plus prudent.

Sa retraite avait pu surprendre, quand un nouveau coup porté dans les rangs royalistes, vint, au moment de la victoire, faire en quelque sorte douter de sa réalité.

Le guerrier loyal, le sage et hardi ministre qui, par sa prudence et son activité, avait assuré le succès, qui créa une armée fidèle autant que valeureuse, dont le nom seul semblait un gage victorieux, Bellune, contraint de quitter son rang, le céda sans murmure, quand la France accusait d'une commune voix la duplicité audacieuse de ses adversaires.

Deux illustrations qui représentaient, qui associaient toutes les gloires de la France, furent éloignées du char triomphant; on ne vit point Victor et Montmorency suivre un Bourbon au capitole; et les aigles de Bouvines, le glaive armé de Marengo et de Friedland, manquèrent aux lys de ses trophées.

Un ministre étroit dans ses vues, compromis par le succès, convaincu de crainte et de fausse sagesse, voulut, pour réparer sa réputation, et seulement habile dans sa propre cause, s'assurer sur la France un empire durable et absolu, y fonder son omnipotence.

Le Roi, l'auguste fondateur de la Charte, fidèle à ses promesses sacrées, habile dans le développement du système représentatif, qu'il daigna nous octroyer, et dont il voulait, religieux monarque, subir toutes les conditions, laissant à ses ministres la responsabilité de leurs œuvres, consentait à voir dans l'assentiment des Chambres l'opinion véritable de la France.

Aussitôt le ministère, ou plutôt le ministre (car c'est ainsi qu'on doit définir ce mot), le ministre fonde sur cette royale pensée ses plus sûres espérances; la Chambre doit être renouvelée à son profit, et rendue plus durable pour sa fortune.

Le dessein en est pris : rien ne coûte pour assurer le succès de celui qui seul est intéressé dans ce grand acte du pouvoir; les noms les plus honorables, les hommes dont le courage et l'éloquence avaient amené son élévation, sont éloignés de la candidature, proscrits des listes de faveur, bannis moralement des assemblées (1).

Je n'insisterai point sur les moyens employés par le ministère pour arriver au but promis; il est bon de les taire, imitons son exemple.

Mais je doute que le titre même de *fonctionnaire* autorisât la violence; il me paraît certain, selon l'équité, que la qualité d'électeur annihile en cette circonstance les conditions d'employé.

Le ministère avait un droit certain, celui de la destitution; la probité ni la délicatesse ne s'y trouvaient blessées ni compromises. Le moyen était ensemble plus honorable et plus sûr.

On ne ramène point sincèrement ses ennemis par la violence, et un gouvernement sage ne doit se servir que de ses amis; enfin, tout agent étant révocable, le ministre pouvait séparer les bons des méchans, en imitant le

____

(1) Oublier les services est ingrat, les punir c'est méchanceté.

ciel, qui nous laisse libres dans l'action de nos volontés.

Ce n'est point ici un coup d'État, un de ces coups de foudre qui renversent par le seul fait de la puissance, c'est un vrai contrat, un pacte signé avec la révolution, par lequel le fonctionnaire de la république, de l'usurpation, acquiert au dépens des hommes fidèles, et en servant le ministre intéressé, un droit légitime aux places et aux honneurs injustement acquis.

La révolution en a souri : que lui importe une minorité plus ou moins faible, si tous les agens du gouvernement restent en état de la servir ?

Elle eût craint sans doute des élections libres, qui eussent constaté ses forces positives. Le nombre de ses représentans lui donne un motif raisonnable et spécieux d'accuser de ses défaites la fraude et l'abus de l'autorité.

Ce n'est pas tout, il faut l'avouer : les fureurs, les écarts, les passions des orateurs de l'anarchie, ont plus servi la monarchie que les efforts souvent déconcertés des amis de la légitimité ; c'est à la marche désordonnée de nos ennemis que nous devons la victoire ; le bien cette fois, et par miracle, est sorti de l'excès du mal même.

Pourquoi se priver de ces fanaux placés sur l'écueil ? il était politique de voir siéger jusqu'au représentant des répugnances. Ote-t-on le drapeau noir des lieux où règne la peste ?

La religion du Roi, ainsi trompée au dépens de sa sûreté, par de lâches menées et de faux résultats, il est du devoir de tout fidèle sujet de lui révéler la vérité sans déguisement.

La France n'est point telle que la flatterie ou l'intérêt se plaisent à la lui représenter : trois fractions composent la France ; les deux contraires, fortes, courageuses, indépendantes, renferment dans chaque opinion les hommes les plus fermes, les plus entreprenans et les plus capables. L'une est fidèle toujours ; l'autre ennemie à jamais.

Sans la première, la monarchie des Bourbons n'a pas même de motif d'existence. Que deviendrait-elle sans fidèles sujets, isolée de l'opinion de la force ? elle serait étrangère à la nation d'alors.

La seconde fraction, dût le Roi détacher pour elle les plus riches fleurons de sa couronne ; dût-il lui partager au dépens des siens la France entière, exigerait encore une dernière condition ; son bannissement, l'exil de sa race auguste. On en sait l'exemple après les effets d'une clémence sans égale (1).

Au milieu de ces deux peuples flotte une masse sans valeur, propre au bien comme au mal, prompte à céder à l'évènement, toujours esclave du pouvoir de fait. Se renfermant dans un égoïsme absolu, elle cèderait l'honneur et l'espoir de la France pour l'avantage du moment; l'avenir d'un siècle pour le repos d'un jour, se qualifiant seule de sage, toujours complaisante, jamais fidèle; l'instrument de toutes

---

(1) Quels esprits ne seraient étonnés de l'acharnement des méchans contre les Bourbons, s'ils ne réfléchissaient que cette famille, privilégiée de la Providence, à qui la civilisation semble attachée, en sorte qu'elle suit les variations de sa fortune, est le plus grand obstacle à leurs desseins.

C'est par instinct, par préférence, et d'abord que la révolution s'attaque à cette maison; ce n'est pas tout, son malheur est le signal de ses triomphes, et c'est parmi ses proches et ses alliés qu'elle choisit ses premières victimes; elle fit l'essai du poison et de l'assassinat sur l'empereur d'Allemagne et le roi de Suède.

En Italie, le roi de Naples, du sang de Louis XIV; celui de Sardaigne, étroitement uni à la France; Ferdinand VII en Espagne; en Portugal, son prince, issu d'une des branches cadettes de la tige de Capet, éprouvent instantanément les mêmes fureurs, et le coup de poignard qui nous priva de l'aîné de cette race sainte, est le signal de tant de crimes.

Aujourd'hui les Bourbons ne sont-ils assez instruits?

les faiblesses et la complice de tous les crimes (1).

C'est cette matière électorale que tous les ministres, dans tous les temps, ont employée de préférence pour l'achèvement prétendu de l'édifice social; et les derniers par leurs manœuvres ont tellement faussé le gouvernement représentatif, si fort abusé de leur pouvoir discrétionnaire, mis si bas la délicatesse française, qu'aujourd'hui la France, déconcertée, est prête à toute servitude; les hommes d'honneur sachant qu'ils sont à la merci d'une portion de mercenaires qui, par leur position, doivent décider de toute majorité.

Voilà ce qu'il est bon que le Roi connaisse; et si la voix d'un seul, qu'on taxera aujourd'hui sans doute de téméraire et d'indiscrète, ne suffit pas à soutenir cette vérité, le jour n'est pas loin où la France, fatiguée d'une tyrannie subalterne, et suppliant le monarque, s'écriera à la fois :

« O Roi désiré ! vous qui, par un généreux abandon de vos justes et imprescriptibles droits, daignâtes les laisser descendre du trône jusqu'à nous; auguste monarque, Sire, reprenez vos

____

(1) *Facdissima ventris proluvies....*
Uncæque, manus...

bienfaits; nous les rendons à votre sublime puissance; il n'est point de servitude sous un père, et nous ne redoutons que l'orgueil d'un favori et l'audace d'un ministre ambitieux! »

J'ai dit la vérité sur les élections : qu'on n'en tire pas toutefois cette conséquence, que les membres actuels de la législation aient en rien participé à ce qui pourrait s'y trouver de répréhensible; l'intérêt a agi pour eux, et la Chambre est innocente de toutes les fautes qu'on peut imputer au pouvoir.

Ces membres si purs, si loyaux, si pleins de zèle pour tout ce qui est bon et juste, daigneraient-ils prêter l'oreille à des conseils simples, mais sincères, et peut-être profitables à la monarchie? « Craignez, leur dirais-je, cet accord quelquefois complaisant des principes antiques avec les rêves des novateurs; cette alliance, telle qu'elle soit, est monstrueuse, et ne peut produire que des maux.

Ne vous laissez pas enivrer aux discours, ajouterais-je, séduire au fantôme de l'opinion, à ce délire d'indifférence, caractère essentiel de notre siècle; croyez, et vous devez le croire, qu'il est hors de vous, hors du pouvoir, de sages conseils, des hommes de courage et d'expérience.

Sans doute s'il s'agissait d'une cause prise dans la raison universelle, dans la science du cœur, ou la politique des nations, votre sagesse ne pourrait s'égarer; ici souvenez-vous que les intérêts généraux sont mis en mouvement au profit d'un intérêt particulier; étrangers aux hommes ambitieux, aux intrigues du jour, défiez-vous de vous-même, de votre candeur, de vos vertus, de votre innocence politique.

Il est trop vrai que, depuis dix années, la responsabilité ministérielle n'est qu'un vain mot; de là un abus incroyable d'autorité, une impunité effrayante, une déception complète des esprits.

Des faits coupables, des actions criminelles qui n'eussent trouvé ni excuses ni défenseurs devant un jury sans lumière ou des juges éclairés, choses prouvées, non par simples témoins, mais par des peuples accusateurs; non sur de simples renseignemens, mais par des pièces officielles tirées du cabinet des rois; ces faits, dis-je, semblent obscurs, récusables, s'il s'agit d'un ministre quelconque; ce sont des récriminations, ose-t-on dire, comme si la prescription avait effacé le délit; et quand les crimes sont patens, avérés, le coupable n'en conserve pas moins son crédit et sa réputation de sagesse.

Représentans de la France, c'est à vous d'en juger ; défendez-vous d'une préoccupation d'ami, et de ces nœuds innocens dont la facilité engage.

Appelés à décider sur des intérêts qui ne semblent pas les vôtres, la délicatesse même doit vous mettre en garde contre vos propres jugemens.

Souvenez-vous enfin que vous êtes les députés du royaume, et non d'un département ; tel important soit-il, un département n'est point un corps politique ; vos mandats ne reposent que sur l'intérêt de l'État ; n'entrez donc dans son temple que dégagé de vos soins et de vos intérêts domestiques.

Mais à quoi bon ces conseils ? Déjà vous les avez devancés ; déjà, dans votre sollicitude, vous avez religieusement indiqué à la providence du trône, de qui émane tout bien, le bien qui avait échappé à la vigilance de ses agens.

Les intérêts de la religion, qui a civilisé le monde, et sans laquelle il ne doit plus y avoir de civilisation, ont été votre première pensée ; vous désirez que, triomphante dans ses effets, assurée dans son existence, libre dans son administration, elle cesse d'être outragée par l'orgueil, contrainte par l'avarice, poursuivie de cette autorité humaine qui prétend avec audace donner des lois à qui n'en a reçu que du ciel (1).

Vous le savez, la religion est l'unique base du trône.

L'éducation est un besoin indispensable à l'homme ; votre sagesse a appelé sur elle les regards d'un nouveau Salomon. Aujourd'hui tronquée, ambitieuse, entraînée hors des voies de la vérité, elle ne formerait qu'un peuple présomptueux, race de géans armée contre le ciel ; portez la hache dans la racine de l'arbre empoisonné ; fatal au monde, craignez qu'un

---

(1) La religion de l'État surtout doit être distinguée : il faut le dire, le tolérantisme est condamné formellement comme hérésie par le concile de Trente ; le Dieu des chrétiens est le Dieu jaloux, les rois d'Israël ne furent punis que pour avoir partagé avec Baal l'encens qu'ils ne devaient qu'à lui.

Les rois le sont sans doute par la grâce de Dieu ; car rien n'existe que de sa volonté. Mais il ne faut point abuser de cette grâce. Quel roi fut plus l'élu de la grâce que Saül, premier monarque du peuple saint ! La grâce pourtant lui fut retirée avec la couronne ; il périt avec son écuyer fidèle, et il ne fut point donné au vertueux Jonathas de régner après lui.

jour le fruit d'une vaine science ne lui soit funeste une seconde fois.

Coupable imprévoyance qui laissa corrompre les générations appelées à vous succéder, le danger est imminent, sauvez les générations futures.

Cet honneur vous est dû.

Mais si les soins de la jeunesse et de l'avenir occupent vos pensées, vous n'avez point oublié le passé ni les souvenirs que la vertu vous recommande.

Hâtez la réparation : combien de héros de la fidélité ne pourront jouir du bienfait ! Assis aux portes du palais, sous des haillons glorieux, feraient-ils frémir quelque ministre superbe ? Croyez du moins qu'ils ne pourront souffrir qu'on découvre l'innocent pour les revêtir.

Hâtez-vous cependant, peut-être ne pourriez-vous déposer le prix de la dette sacrée que sur une tombe. Le fisc une fois étonné de ses richesses, doit peut-être reprendre sans reproche ce qu'il tarda si long-temps à remettre. Combien de fils des Guesclins et des Bayards, dont les aïeux versèrent tout leur sang pour la France, n'auront laissé dans leur disgrâce d'autres héritiers que le roi et la patrie !

Ainsi vos cœurs ont couru au-devant de tout ce qui était saint et juste.

La plus chère, la première pensée du ministre se révèle à son tour dans la septennalité.

Cette loi, contraire à l'esprit et au texte formel de la Charte, ne peut être acceptée que par l'abolition de la première; c'est voter la destruction du pacte écrit, appeler le doute sur ce qu'il détermine.

Mais de combien de dangers cette mesure ne menace-t-elle l'Etat? Il faut que l'orgueil ministériel soit plus absurde encore que superbe pour croire maîtriser l'avenir et comme enchaîner la Providence. Sans les institutions devant lesquelles on recule, nul doute que la France ne puisse être livrée un jour à l'empire du sophisme et de la violence.

Qu'on imagine une Chambre septennale composée dans cet esprit, croit-on qu'elle mette autant de lenteur dans ses œuvres qu'on en apporte aujourd'hui pour le bien?

Qui nous assure qu'au terme où le pouvoir échappera légalement à la représentation actuelle, une génération nouvelle formée par les principes autorisés jusqu'à ce jour, ne vienne pendant sept années punir la France de son aveuglement et de son indifférence coupable?

Ici le ministre viole évidemment le texte du pacte fondamental; maintenant, et selon l'occurrence, nous le verrons réclamer rigoureusement la lettre de la loi (1). Naguère cinq devaient égaler sept; à l'instant même, et par compensation sans doute, cinq vont se réduire à quatre. On voit que, politique exact, probe financier, l'auteur de ces projets sait opérer selon de nouvelles règles, traite les intérêts de l'Etat par addition et soustraction; et je ne doute point que le nom de *morale constitutionnelle*, d'*arithmétique ministérielle*, ne s'entende un jour du système de cet habile inventeur (2).

La question actuelle est de rembourser la rente en la réduisant; la justice, dit-on, l'utilité, l'intérêt national exigent cette mesure.

Examinons avec soin, et par ordre, chacun de ces points en particulier (3).

---

(1) *Ridiculum acri.*

(2) Il est fort douteux que ce qu'on nomme *droit commun* soit applicable à l'Etat; serait-il vrai, du moins ne doit-il réclamer ce principe qu'au bénéfice des sujets, et non pour *tollir le leur.*

(3) Parler en chiffres, va-t-on s'écrier; mais les chiffres sont menteurs; les chiffres, hors de la science positive, sont sans raison. Quels chiffres ont jamais expliqué nos finances? Les chiffres financiers varient selon le crédit et

La justice…. Prétend-on rendre le tout lors-qu'on n'en confère qu'une partie, quand on surprend, et sans le prévenir, par une action précipitée, le créancier tranquille sur la foi du traité ?

Un apport immense de denrées précieuses sur le marché en diminue constamment et ins-tantanément la valeur. M. le ministre des finances le sait si bien, qu'il fonde sur cette donnée la réussite de son opération ; le rem-boursement inopiné fût-il donc en or pur, n'est qu'une véritable émission d'assignats, et la meilleure preuve en sera l'humble soumission de la partie lésée.

Que si le gouvernement a emprunté six mois avant ce remboursement à l'intérêt de cinq, dans l'intention de n'en payer que quatre, il a détourné ces sommes des vrais intérêts des prêteurs, et avoue une banqueroute fraudu-leuse.

Je ne dirai rien des créances sacrées que la morale eût dû respecter ; les émigrés doivent être indemnisés sans doute, rien de plus juste de la part d'un gouvernement riche de leur

l'opinion. N'est-il pas clair aujourd'hui que les chiffres du ministre ne sont ceux ni de la probité ni de la France ?

spoliation.; mais doit-on frapper l'innocent pour secourir le malheur, réparer un crime énorme par une injustice sans pareille? Il sera donc vrai que l'homme consciencieux, pour avoir placé ses fonds sur l'Etat plutôt que d'acquérir des propriétés qu'il regardait comme illégitimes, perdra tout justement en punition de sa délicatesse, ce que l'homme plus hasardeux gagnera sur ce qu'il a témérairement acquis; ainsi l'acheteur du gouvernement de 93 profitera de tout ce que le prêteur royaliste aura confié à la restauration.

Je demande quelles conclusions diverses en pourront tirer les partis, surtout quand une minorité habile changeant l'état de la question, établira avec quelque apparence que l'exclusion des hommes de son opinion est la cause immédiate de la ruine populaire qui s'opère au bénéfice de la classe privilégiée.

Passons à l'utilité du remboursement.

Le commerce, l'agriculture en doivent profiter; pourquoi ces illusions? Le premier ne peut être tenté en grand, suivi avec quelque succès, tant qu'une puissance maritime n'en assurera pas l'intérêt; ce serait compromettre bien imprudemment les ressources de la France que de les risquer au hasard de la fortune.

Disons tout, l'Angleterre est trop près de nous pour que nous puissions faire impunément de gros profits à ses yeux (1).

L'agriculture, telle qu'elle est, suffit aux besoins de la France : pourquoi la charger de nouveaux produits, puisqu'elle ne trouve pas de débouché aux siens, surtout depuis cette permission d'importer de l'étranger sur notre sol toutes les richesses dont celui-ci regorge.

Le troisième point est l'intérêt national.

Je soutiens que l'abus du crédit (2) est un crime de lèze-nation, à tort peut-être ; par besoin ou par imprudence ; nous avons adopté le sys-

____

(1) L'Angleterre pourra nous leurrer du rétablissement de nos colonies, de l'agrandissement de notre commerce, d'arrangemens avec Saint-Domingue. Dans ce dernier cas, il faudrait préalablement légitimer la révolte ; et voilà bien le système ; mais qui assurera nos expéditions, quand la France mettra au dehors ses ressources, les milliards du remboursement ? Qui nous garantira le bonne foi de nos voisins ? Elle est au moins douteuse, si elle n'est improbable. Nous n'aurons donc armé que dans leur avantage ; et lorsqu'ils auront agioté nos fonds, ils pourront s'emparer sans coup férir de nos capitaux.

(2) Sans le crédit, qui fournirait aux besoins extraordinaires de la France, sinon le sol ? Dans l'affaire d'Espagne, si l'emprunt n'eût pu s'opérer, qui l'eût supporté, sinon les propriétaires fonciers ?

Il est donc aisé de voir que l'intérêt des fonds se lie intimement à l'assurance du crédit.

I

1ème des emprunts ; mais enfin il existe , l'État n'oserait dire qu'il pourra s'en passer ; donc ce qui touche à cette ressource , devenue un pouvoir , est essentiellement respectable comme tenant à l'essence du gouvernement même. Il s'agit , par dessus tout , de ne point affaiblir la confiance , qui donne les moyens.

Lorsqu'un État s'est élevé au-dessus des autres en quelque chose que ce soit , ceux-ci tendent naturellement , et pour l'équilibre , à reprendre le niveau ; les grandes armées sont un malheur sans doute ; mais depuis Louis XIV les grandes armées sont indispensables pour assurer l'indépendance de chacun.

J'assimille donc le crime d'abuser de la confiance dans les emprunts , à celui dont se rendrait coupable le ministre qui , par des moyens quelconques , ébranlerait la fidélité des soldats que la loi appelle , au point de les détourner de leur devoir et de leur faire craindre , par un exemple malheureux et décourageant , le sort qui les attend en servant la patrie (1).

Ceux-là seuls qui ne voient rien de sem-

____

(1) On dirait que l'humeur du ministre retombe sur ceux qui , en prêtant leurs fonds , ont pu contribuer à cette guerre d'Espagne , entreprise si fort contre son gré et contre les intérêts de la Grande-Bretagne.

blable que ce qui est identique, ne sentiront pas la justesse de ce rapprochement.

Voilà donc le résultat d'une pareille mesure à l'intérieur de la France et sur les opinions; mais quelles suites ne peut-elle avoir à l'exté-rieur et dans la question politique?

Dans la question politique.

Parmi ceux que la voix publique désigne comme devant assurer la mesure proposée, un seul est Français, membre de l'opposition, écarté de la législature par ce même ministère qui le réclame aujourd'hui : des deux autres, l'un est Anglais, l'autre cosmopolite; la France remet donc sa destinée à des prêteurs suspects, à des étrangers, à des ennemis; c'est avec eux qu'elle s'engage, qu'elle se lie.

Le projet est sans doute d'amener les énormes capitaux d'Angleterre en France; je crois bien plutôt qu'il aboutira à porter le crédit de la France en Angleterre; nos finances ne seront bien expliquées qu'à la Bourse de Londres; et si en fait l'on dépend de qui l'on emprunte, la France se trouvera naturellement entraînée dans les mouvemens et la politique de la puis-sance dominante.

De là doit résulter tôt ou tard une sépara-tion de la Sainte-Alliance, dont les principes et les intérêts sont en opposition avec ceux de l'Angleterre.

Déjà le ministère hésita sur l'entreprise d'une guerre que le cabinet anglais repoussait de tous ses efforts et de tous ses sophismes, lors même que l'Europe l'avait décidée.

Aujourd'hui il semble s'arrêter dans les voies de la restauration, et on ne peut qu'attribuer à son influence diverses mesures qui suspendent en Espagne l'exercice de la royauté et en retardent le développement.

L'Angleterre doit exiger plus encore; elle déclare la liberté prétendue de l'Amérique, et par ses relations s'approprie ce vaste continent.

Soutiendrons-nous avec elle les gouvernemens de fait? n'aurons-nous sauvé l'Espagne que pour donner un monde à l'Angleterre, qui tirera ce profit immense de nos exploits?

Cette question politique est celle de l'Europe, question universelle, en ce qu'elle entraîne toutes les autres en principe et en fait, et qu'elle renferme en soi la question de la légitimité et des intérêts.

L'Espagne ne peut céder ses colonies que par violence, et cette cession est nulle si l'Europe n'y consent.

Sans compter que le roi d'Espagne est seul légitime souverain comme conquérant, et depuis unique possesseur, nul pouvoir n'a le droit de disposer d'un monde au préjudice d'un monde entier.

S'il arrivait que le roi d'Espagne consentît à l'émancipation, ce serait exhéréder l'Europe, et ce droit lui manque; un immense continent, en partie non occupé, appartient dès lors à tous ceux qui pourront s'y établir.

Hors le Mexique et le Pérou, où la cause légitime compte de nombreux partisans, quelle agglomération assez puissante peut prétendre à former un État? Ce n'est, dans ces soi-disans empires, républiques, provinces-unies, qu'anarchie et désordre, violence et malheurs au préjudice de la légitimité et des véritables possesseurs (1).

Suffira-t-il que, sur des espaces inhabités où l'Europe se placerait tout entière, quelques aventuriers rebelles aient proclamé leur indépendance, pour que le reste des hommes perde le droit d'en tirer avantage par le commerce

____

(1) La seule forteresse de Saint-Juan d'Ulloa tient en bride toutes les forces du Mexique. Au Pérou, les royalistes sont victorieux.

ou les colonies ? et le rêve de quelques insensés peut-il anéantir des droits communs à tous ?

Leurs flottes, leurs finances, leurs armées, ils les doivent à l'Angleterre, et nous allons puiser à la même source qu'eux, et comme eux nous enchaîner à sa politique.

La mission des consuls anglais a suffisamment prouvé les projets du cabinet de Londres, ses déclarations à la tribune les ont rendus patens.

L'Angleterre, en un mot, s'empare d'un continent et le ferme à l'Europe.

L'Europe, quand bien même le monarque espagnol céderait à sa position présente, souffrirait-elle, avec les mêmes droits, qu'une seule nation s'attribuât la souveraineté et le monopole d'un monde, surtout sur des principes attentatoires à l'ordre légitime ?

Sans doute la royauté, devenue solidaire, et s'unissant dans la personne du roi d'Espagne, qui la représente aujourd'hui, mettra opposition à de semblables desseins.

Eh! pour qui l'Europe doit-elle davantage ? La gloire des Espagnes est de toute la plus pure; deux fois le torrent de la Barbarie s'est brisé contre les rochers de Pélage, diversion glorieuse qui couvrit l'Europe et la sauva du glaive de Mahomet et de Napoléon; et s'il était besoin d'ajouter à ces grands traits, quelle nation que celle qui se lève comme un seul homme contre le despotisme armé de la toute puissance, et qui bientôt résignant son généreux orgueil, consent à céder tout entière devant la légitimité.

O roi successeur de Charles et de Philippe! soutenez dignement l'héritage de tant de gloire; remplissez ce haut destin qui vous rend l'attente des monarques, déjà éprouvé de la tempête; soyez ferme contre de nouveaux orages; et si la foudre vous menace, ceignez votre front de ce laurier toujours si fécond dans la patrie de Gonzalve et du Cid!

La France cependant hésite, cherche ailleurs que dans ses alliances ses ressources et ses espérances : craindrait-elle l'Angleterre?

L'Angleterre, placée à la tête des nations, soutenant le principe et les droits de la légitimité, marcha durant vingt-cinq années l'arbitre et l'appui de l'Europe; l'Angleterre a vaincu la révolution et non la France (1).

____

(1) Nous avons importé d'Angleterre la révolte, le régicide et le système des emprunts : voilà notre dette la plus certaine à son égard.

Reine alors, aujourd'hui abjurant le principe de sa force, elle n'est plus que la vieille
ennemie des rois.

Diviser pour régner, telle est sa politique;
la paix l'épouvante, le repos l'afflige; elle sent
un malaise du repos d'autrui (1).

Elle comprend que l'union des trônes lui est
fatale.

Le sort de ses possessions d'Orient dépend
d'une puissance du Nord; un blocus continen-
tal anéantit son commerce; l'essor de l'indus-
trie dispense en partie de ses secours; de nou-

---

(1) Cette maxime particulière d'un prince que l'histoire
a jugé sévèrement, est devenue celle d'un peuple entier.
L'Angleterre entretient la propagande des doctrines sédi-
tieuses; elle parle de liberté, nous vante la philanthropie,
quand l'Irlande, qui en fait partie, manque de tous les
droits; elle réclame la tolérance, et l'intolérance est consa-
crée dans son pacte fondamental, dans son ordre de succes-
sion au trône.

Pour juger sa politique, il suffit de remarquer que,
d'une part, elle favorise les ottomans contre les Grecs,
contre des chrétiens qui ne sont pas rebelles, puisque jamais on ne leur accorda le droit commun, et qu'ils se libè-
rent et ne se révoltent pas, tandis qu'ailleurs elle applaudit à
la rébellion de peuples de même religion, de même race
que la mère-patrie, et chez qui l'esclavage ne régna jamais.
Comment expliquer ces contradictions autrement que par
l'intérêt, seule règle avouée aujourd'hui par le cabinet de
Londres?

velles découvertes rendent sa sûreté moins probable ; elle n'est pas tranquille dans ses propres États, tout l'inquiète, et ses sujets et ses amis.

Où trouvera-t-elle un point d'appui ? serait-ce en France ? Qu'une honorable amitié puisse unir constamment les deux États ; mais une alliance étroite de l'Angleterre avec la France sera toujours périlleuse pour cette dernière ; et dût-on la conclure favorable, la force des choses rend les concessions nulles de la part de notre rivale.

Quoi ! une alliance étroite de finances, de commerce, de politique avec l'Angleterre, qui se sépare hautement des principes de la Sainte-Alliance ! c'est vouloir soi-même sortir de cette alliance ; c'est, en d'autres termes, s'en déclarer ennemi.

Prenons-y garde, l'Angleterre pourrait bien charger la France de son hypothèque, la laisser en saisie comme un gage qui la mettrait à couvert dans ses entreprises.

Il serait injuste, dira-t-on, que l'Europe se mêlât des traités de la France, des œuvres de sa politique et de sa diplomatie : oublie-t-on la solidarité de la Sainte-Alliance ? cette condition qui ne permet plus à aucun État d'enfreindre le système politique sans se trouver arrêté dans ses projets, repris dans ses actes?

Le système de la politique moderne se développa au temps de Charles-Quint; Henri IV rêva le système d'équilibre européen, qui ne fut fixé qu'au traité de Westphalie. Aujourd'hui, dans le partage du monde entre le bien et le mal, une nécessité impérieuse a ajouté un principe à la politique des États, l'assurance mutuelle des trônes, principe passif jusqu'aux troubles d'Italie et d'Espagne, maintenant mis en action et complément réel de la civilisation et de l'ordre social.

Il est donc vrai de dire qu'il existe un jury de rois, possédant un droit certain de censure, de jugement à l'égard de quiconque viole le droit établi; et que si les rois ne se doivent rien en fait d'administration particulière, ils se doivent compte de tout exercice public dangereux pour le corps universel.

D'où il s'ensuit que se lier par des nœuds trop puissans à un peuple dont les principes sont contraires à l'alliance des rois, c'est s'exclure des bénéfices de cette alliance; et que s'associer à des intérêts qui blessent la légitimité, c'est la compromettre pour soi-même.

Le cardinal de Richelieu, en entrant aux affaires, trouva la France veuve d'un grand roi, divisée de croyances, affaiblie par les guerres, encore aux prises avec cette ambitieuse maison d'Autriche, qui l'avait mise à deux doigts de sa perte.

La puissance de cette maison était immense; jamais famille n'aspira plus raisonnablement à la monarchie universelle, et ne se vit plus près de l'accomplissement de ses desseins.

Richelieu ne s'en étonna point; il ne s'abaissa point complaisamment devant cette rivale orgueilleuse; tandis qu'à l'intérieur il dissipait les ligues, déjouait les dernières espérances d'un parti encore redoutable, ailleurs il cherchait des alliances, cherchait des auxiliaires jusque dans le Nord, et tenait constamment en haleine ses mortels ennemis.

L'affranchissement du Portugal fut une de ses œuvres, le traité de Westphalie comme la clause de son testament politique; il préparait ainsi, par la fermeté et l'indépendance, le siècle miraculeux du grand Louis.

Comment l'histoire parlerait-elle de ce ministre, si, loin de dompter les rebelles dans La Rochelle, de les vaincre à Castelnaudary, il s'en fût entouré à plaisir, eût brigué leurs suffrages, les eût comblés de grâces et d'honneurs?

Si, loin de tenir en bride l'Espagne alors si puissante, l'Espagne, qui avait allumé en France les brandons de la guerre civile,

Il eût cherché chez elle sa politique, ses finances, son crédit; s'il lui eût fié les secrets de l'Etat;

S'il eût admis dans ses conseils, dans les établissemens privés et publics, les membres de cette nation jalouse, et en eût pris ses déterminations et ses desseins;

Enfin quels eussent été les résultats de son ministère?

FIN.